図解

人づきあいが面倒！なときのマインドフルネス

「自分中心」で心地よく変わる
ラビング・プレゼンスの秘密

博士
惟司

青春出版社

はじめに

あなたは、ちゃんと自分のために、人生を生きられていますか？

周りの人たちに合わせたり、本当の気持ちを抑えつけたりして、自分をないがしろにしてはいませんか？

私は、今から20年ほど前、アメリカで心理学の博士号を取って帰国し、これまでにのべ数千人の方々の悩みや心の痛みと向きあってきました。その中で特に多く出会うのが、「人間関係についての悩み」を抱えた人たちです。**「人に合わせすぎる」**傾向が強く、相手を意識しすぎるあまり、人づきあいに疲れてしまったり、自分の気持ちを押し込めてしまって、苦しくなっている人がとても多いのです。

たとえば、あなたも日常の中で、こんな行動をしていることはありませんか？

・残業の必要がなくても、同僚に気を遣って帰れない
・ピンとこない意見にも、「いいですね」と同意してしまう
・外食の場で注文するとき、一緒にいる人の注文に合わせてしまう

・友達がつまらない長電話をしてきても、遠慮して電話が切れない
・腹が立っても、すぐに笑ってごまかしてしまう

人づきあいというのは、本当にやっかいなものです。実際、人が抱える悩みのほとんどは、人間関係に関わることだとも言われています。いろいろと上手くいかなくて、「あー、面倒くさい！　もう、イヤだ！」「ひとりでいる方が、よっぽど楽だ！」などと思うことが、誰でも時にはありますよね。

しかし、あなたがそう感じるのも当然のこと。実は、人間の**脳や心には巧妙なワナ**が隠れていて、私たちは知らず知らず「苦しみの方向」へと誘導されているのです。

本書では、その原因やポイントをご説明し、その上で、具体的な解決方法を詳しくご紹介していきます。

この本でお伝えすることを、一言で表せば、**「もっと自分を大切にしながら、周りの人たちといい関係を築いていく方法」**です。

「相手に振り回されすぎることなく、ちゃんと自分のために生きるコツ」と言ってもいいでしょう。相手も自分も両方を大事にしながら、人や社会と係わっていくことができる、とても理想的なコミュニケーションの方法です。

その実践にあたって、**まずカギとなるのが「マインドフルネス」**です。最近では、書籍や雑誌、テレビ番組でも盛んに取り上げられていますので、ちょっと目にしたり、聞き覚えのある方、実際に体験されている方も、だいぶ増えているでしょう。

元々は、仏教の瞑想法であるマインドフルネス。ごく簡単に言えば、**「今」という瞬間に「自分の中で起きていること」に注意を向けた、丁寧な「気づき」の意識**です。

情報にあふれた現代、いつも私たちは「何かを考えている」ことばかりですよね。日ごろの「考え過ぎの状態」から、少し心を静かにして、自分の中にあるさまざまな感情や気持ち、身体の感覚、イメージなどを、「ああ、今はこんなことが起きているんだな……」と、できるだけ丁寧に気づいていく……。マインドフルネスとは、そうした自分自身への意識の向け方です。

そんなマインドフルネスが、今では誰にでも実践しやすい形にアレンジされ、ストレス軽減やリラクゼーション、感情のコントロールや集中力のアップ、高い創造性や生産性をもたらす効果的なスキルとして、世界的に大きな注目を集めています。

その大きなきっかけは、一定期間マインドフルネスを実践することで、ストレスによる脳の損傷が回復したり、自律神経のバランスが整うことなどが、最新の脳科学で実証されたこと。また、米国グーグル社が、社員研修などで積極的に取り入れ始めたこと。現在、欧米では、名だたる大企業や政府機関、小学校などの教育現場、医療の分野などでも、幅広くマインドフルネスが実践されるようになっています。

しかし、ひとつ残念なのは、現在のマインドフルネスの取り上げられ方が、主には心を落ち着かせたり、集中力を増したりという、個人的な側面に限られている点です。

マインドフルネスで心を静かにし、自分自身と深くつながった上で、さらには人と人との係わりにも積極的に活かしていくこと。まだあまり知られていませんが、そうすることによって、マインドフルネスの可能性は何倍にも広がっていきます。

私がアメリカで学んできた**「ハコミ・セラピー」**という心理療法の中には、マインドフルネスを人との係わりの中でも積極的に活用し、日々の人間関係の悩みを解決するための技法やヒントが数多くあります。ハコミ・セラピーとは、今から30年以上前に、マインドフルネスを初めて応用した心理療法のひとつです。

そして、その中でも特に、日々の人間関係でマインドフルネスを活かす上で中心になるのが、**「ラビング・プレゼンス」**という考え方と実践方法。おそらく、初めて耳にする言葉かと思います。

どのようなものかは追々ご説明しますが、**最大のキーワードは〝心地よさ〟**です。

自分にとっての「心の糧」を相手の存在から感じ取って、自分自身の中に自ずと起きてくる〝心地よさ〟をマインドフルネスで気づき、じっくり味わっていく。すると、自分のいい状態が相手にも伝わっていき、「プラスの循環」がお互いの間に起きてきて、今までとは違う、周りの人たちとの豊かなコミュニケーションと関係が生まれていきます。

本書は、それを日本人に合わせて、私なりに工夫してきた内容をまとめたものです。前著『人間関係は自分を大事にする。から始めよう』（２０１４年、小社刊）をベースとし、より分かりやすくお伝えするために、実践方法を中心に再構成した「図解版」です。より詳しい理論や背景、具体的なエピソードや実践例などにご関心をお持ちの方は、ぜひ前著もご一読ください（電子版あります）。

自分を大事にしながら、周りの人たちと今よりいい人間関係を作るのは、あなたが思っているよりずっとシンプルで簡単なことです。

前書と同様に、この一冊が、あなたの人生に新たな豊かさと輝きをもたらすためのヒントや指針となってくれることを願っています。

２０１８年１月吉日　髙野雅司

「ラビング・プレゼンス」とは？

人間関係の中でのマインドフルネス

自分の“心地よさ”から始まるコミュニケーション術

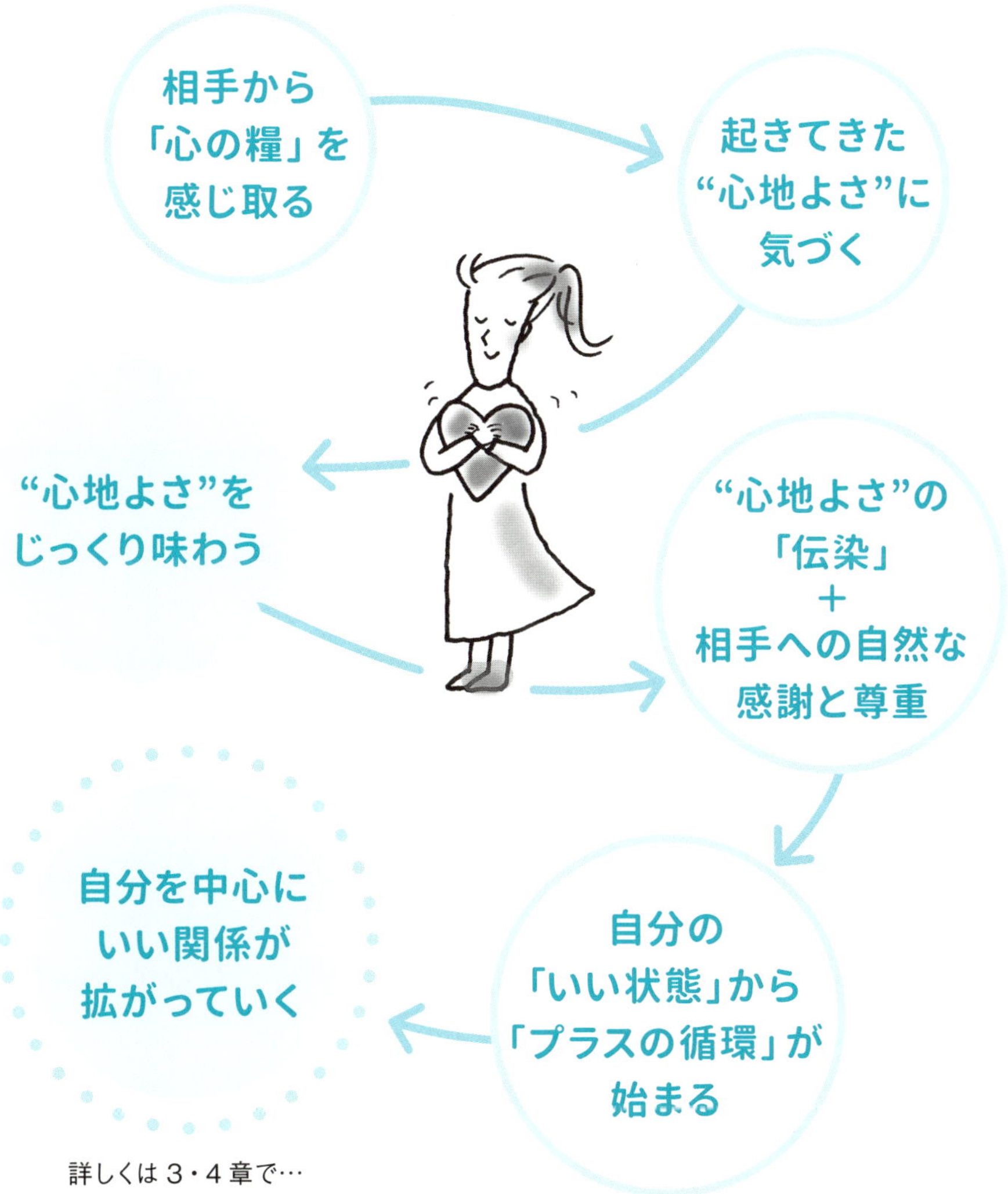
相手から「心の糧」を感じ取る
起きてきた“心地よさ”に気づく
“心地よさ”をじっくり味わう
“心地よさ”の「伝染」＋相手への自然な感謝と尊重
自分の「いい状態」から「プラスの循環」が始まる
自分を中心にいい関係が拡がっていく

詳しくは３・４章で…

目次

３章　自分も相手も心地よい「一歩進んだマインドフルネス」

1章

なぜ、つらく苦しい思いばかりしてしまうのか？

「脳の仕組み」と「心の動き」の基礎知識 ❶

人間の脳は生まれつき「マイナス好き」にできている

脳の困ったクセが分かる、ちょっとした実験

「つらかった出来事」や「苦しかった出来事」を３つ思い出してみてください。いつ、どこで起きたことでもＯＫです。

次に、「楽しかった出来事」や「嬉しかった出来事」などを３つ思い出してみましょう。

どちらの出来事のほうが、思い出しやすかったですか？

↓

大半の人が、「つらかったこと」はすぐに思い出せるのに、「楽しいこと」を思い出すには時間がかかります。マイナスの記憶はよく覚えていて、プラスの記憶はすぐに忘れるという傾向が、人間にはあるからです。

最近、「脳科学」という言葉が広く使われるようになりました。人間の脳は、まだまだ分かっていないことも多いのですが、医学と科学の進歩に伴い、急速に研究が進んでいます。「脳の働き」と「心の動き」についても、いろんなことが分かってきました。

特に知っておいてほしいのは、脳は「悪い経験やニュースを優先して記憶しておく」クセをもっている点です。イヤだった出来事はいつまでも覚えていて、いい出来事はすぐ忘れてしまうのが一般的なのです。

人の脳が備えている「マイナス好き」のクセ

1. プラスの情報よりマイナスの情報に気づきやすいため、「良いニュース」よりも「悪いニュース」を積極的に引き寄せる

2. また起きるかもしれない脅威に備えておくため、マイナスだった体験を優先的に記憶しておいて、すぐ思い出させようとする

3. 過去のマイナスの体験や記憶を参考にして、同じような脅威が起こったときに素早く適切に対応できるよう、日頃から準備しようとする

脳は「また同じようなイヤなことが起こるのでは…」といった不安と備えを怠りません。それが足かせになって、日々の言動が制限されたりもします。

　たとえば、私は少年時代に野犬に追いかけられて、怖い思いをしたことがありました。よく思い返してみれば、かわいい子犬とたわむれたり、友達の飼い犬と楽しく遊んだりといったプラスの体験もありました。それなのに悪い記憶ばかりよみがえります。犬を見かけるだけでも、少しストレスを感じてしまうのです。

「脳の仕組み」と「心の動き」の基礎知識 ②

脳の「マイナス好き」は警戒態勢をなるべく保たせるため

脳が「マイナス好き」のクセを持った理由

今から数百万年前、私たちの祖先たちが生き延びていくためには、「食料を得ること」と、「外敵を避けること」が最大の関心事だった

↓

食料は1〜2日得られなくても死にはしないが、外敵に襲われれば一発でアウトなので、より重要性が高い

↓

生き残るために、人類はプラスの出来事よりも、マイナスの出来事により多くの注意を向け続けなければならなかった

現代でも人間の脳には、「外からの危険に注意を払って、自分への脅威がないかどうかのチェックを優先する」というシステムが標準装備されています。

だからこそ、「脳はマイナス好き」と言えるのです。私が犬に対して身構えてしまうのも、大きな失敗をした人が消極的になってしまうのも、そうした脳のクセと大きく関係しています。

一見プラス思考で前向きに活動しているように見える人の脳にも、こうした不安感や警戒心は、常に潜んでいるのです。

人間の脳のうち「動物脳」の部分がマイナス好き

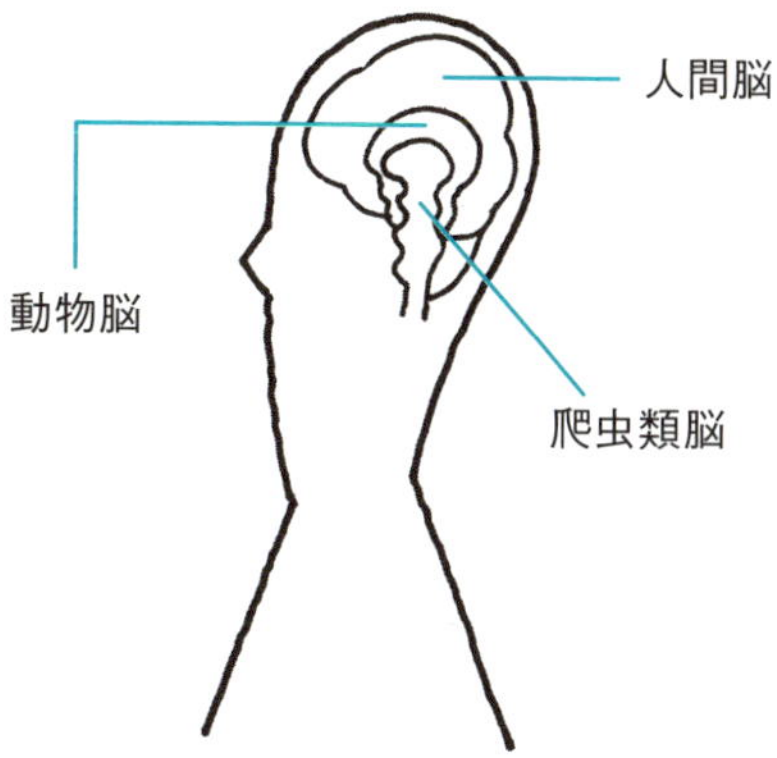

爬虫類脳

呼吸、脈拍、体温など、無意識に行われている生命維持に必要な働きを司っている部分。「生存脳」とも呼ばれる。主に、脳幹（中脳、橋《きょう》、延髄《えんずい》）、間脳（視床、視床下部）、脳下垂体、小脳など。

動物脳（旧哺乳類脳）

脳の中ほどにあって、本能的で無意識に生じる行動や感情、直感、意志、記憶などを司っている。いわゆる大脳辺縁《へんえん》系（海《かい》馬《ば》、扁桃体《へんとうたい》など）。「感情脳」などとも呼ばれ、「好き嫌い」の判断や気分にも大きく関わっている。「マイナス好き」という脳のクセを考える上では、この脳の働きが一番のカギになる。

↓

「動物脳」は、「生き残りのための仕組み」として、積極的に悪いニュースに反応し、マイナス体験の記憶をしっかりと保管し、ことあるごとに思い出させます。未来の行動を選択するときも、過去の悪い体験と照らし合わせて判断する。ゆえに「マイナス好き」な脳のクセが生じるのです。

人間脳（新哺乳類脳）

最も新しくできた脳の部位。主に、意識的で論理的な思考、言語、学習、認識、観念、創造などといった活動を司っています。理性や知性との関係性が高いことから、「認知脳」などとも呼ばれます。

「プラス思考」は難しい！

少なからぬ人が「プラス思考で生きられたら、幸せになれるのに」と思い、自分もプラス思考になろうと努力している。

↓

しかし、残念ながら、脳が生まれつき「マイナス好き」にできているため、なかなか難しい。

↓

結局、現実には多くの人がクヨクヨし続けるマイナス思考に陥りがち。

何百万年という進化の歴史でつちかわれた脳のクセは、なかなか変えられるものではありません。個人差はありますが、誰でも勝手にそうなってしまいます。

プラス思考を追求することは、ほとんどの人間には困難なのです。

脳の「マイナス好き」は人間関係にも影響する

あなたが友達と話しているときに、相手が「視線をそらす」「あくびをする」「黙る」「声のトーンが下がる」などしたとしましょう。それに気づいた途端、あなたは頭の中で、次のように考え始めるかもしれません。

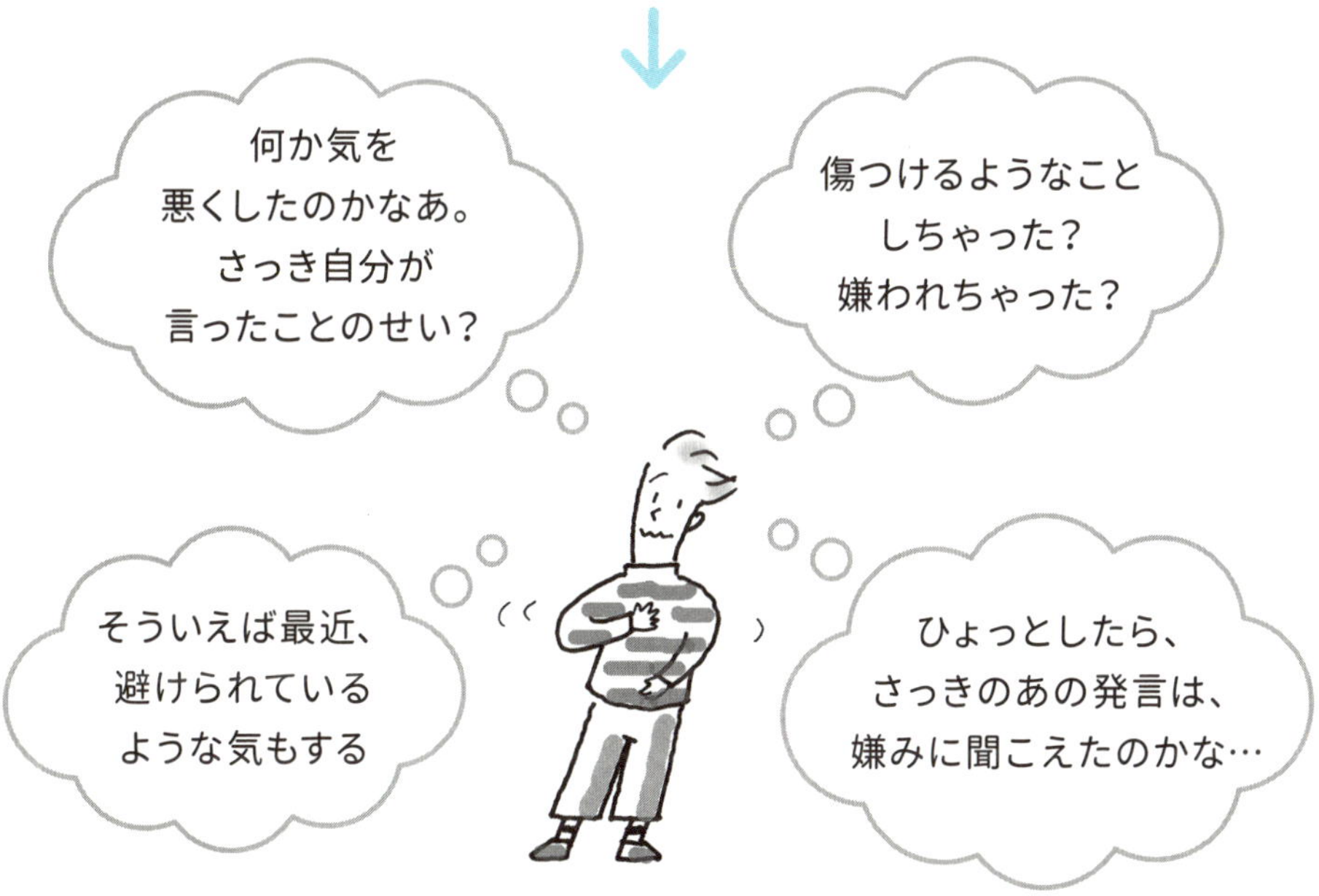
何か気を
悪くしたのかなあ。
さっき自分が
言ったことのせい？
傷つけるようなこと
しちゃった？
嫌われちゃった？
そういえば最近、
避けられている
ような気もする
ひょっとしたら、
さっきのあの発言は、
嫌みに聞こえたのかな…

自分では意識していなくても、あなたの脳は「イヤなことが起こらないように」という警戒モードで、こんなふうに周囲の人たちを見ています。

いざコミュニケーションが始まっても、この傾向は変わりません。

上記のような友達の何気ない言動も、完全に思い過ごしだと分かれば、すぐに忘れてしまいますが、もし友達と仲違いすることになれば、「そういえば、あのときから兆候があったんだ…」などと強く心に刻みつけられるのです。

「脳の仕組み」と「心の動き」の基礎知識 ❸

なかなか仲良くなれないのは脳が「アラ探し」をしたがるせい？

初対面のときから「不安」や「警戒」から始めがち

声が大きいし、ちょっと怖そうな人だなあ

なんだか不機嫌そうだ。感じが悪いなあ

きっとこの人とは、ウマがあわなさそうだ

初対面でこのような苦手意識を持ったら、その後の関係も緊張が続きます。あるいは、できるだけ近寄ろうとしないでしょう。なかなか友達ができない人は、こうした傾向が強いのかもしれません。

　このように、本来の脳のクセに任せてコミュニケーションしていれば、人間関係にストレスを覚えるのも仕方のないことです。その結果、もし「ひとりのほうが楽だ」と思い始めると、事態はますます悪化します。極端なケースのひとつが、いわゆる引きこもりです。

「ひとりのほうが楽だ」と思い始めてしまうと……

人と触れ合う機会が減れば、自然と口下手になる

うまく表情も作れなくなる

コミュニケーションへの苦手意識は、ますます強くなってしまう

↓

残念ながら、そんな悪循環に導かれやすいワナが、私たちの脳の中に仕掛けられています。

ですから、私たちは、脳が元々もっているクセの影響を受けて、「苦しみの方向へと誘導されがち」だとも言えるのです。

「脳の仕組み」と「心の動き」の基礎知識④

脳のクセは“心地よさ”で変えられる！

脳の研究から分かってきた単純な解決方法

脳の「マイナス好き」の仕組みが解明

↓

逆にそうした脳のクセを変える方法も分かってきた

↓

Point

ふだんから“心地よさ”の感覚をじっくり感じるように心がけること

ここまでの話で、あなたは不安を感じたのではないでしょうか。「確かに自分は、無意識のうちに人を怖がっているかも…」と思っているかもしれません。

でも、安心してください。逆にそうした脳のクセを変える方法も分かってきたのです。

そのポイントは、とても単純です。ふだんから〝心地よさ〟の感覚をじっくり感じるように心がけることです。自分の心がけ次第で、脳は変わっていく。脳が変われば、コミュニケーションも変わっていくのです。

“心地よさ”を味わっているとき、脳の中では「いい変化」が起こる

新しい神経回路の連結（脳科学の分野で「シナプス結合」と呼ばれる反応）が起こります

物事や体験の「プラス面」への感度が高まるような神経の回路が増えていき、どんどんと新たなプラスの感情や記憶が生み出されていきます

↓

すなわち、意識的に“心地よさ”に目を向け、その感覚をじっくり感じていくことをくり返せば、脳の「マイナス好き」なクセが少しずつ確実に変わっていくのです。

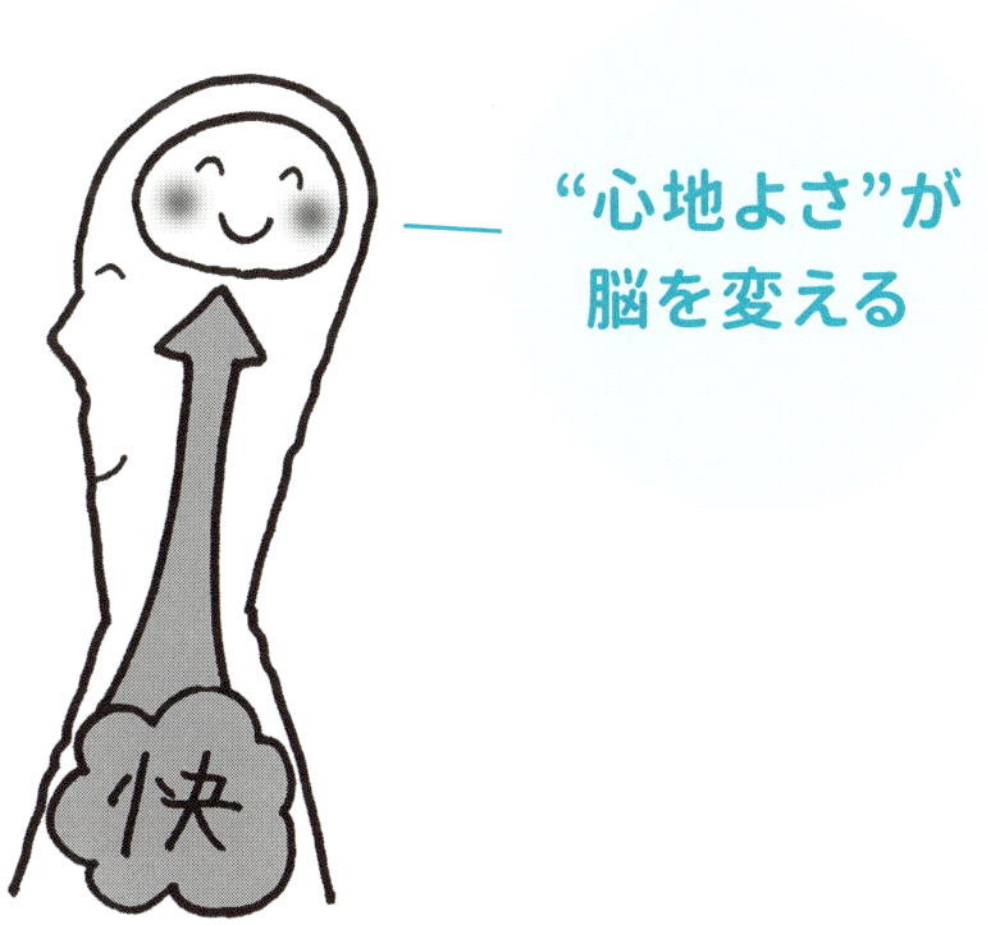

あなたの脳を「プラス好き」に変えていくための最大のポイント

リラックスして、物事や体験の「プラス面」を意識したときに起きてくる、**心地よい感情や身体感覚、考えなど**をゆっくり感じ、心身にしみ込んでいくのに任せます。

↓

たとえば…

- 肩の力が抜ける
- 思わず口元に笑みがこぼれる
- 胸のあたりが暖かくなる
- 感動で身体が震えてくる
- お腹のあたりに力がみなぎってくる
- ホッとして全身の緊張が緩む

…といったような「感覚」です

↓

“心地よさ”の感覚を強烈にして、時間をかけてゆっくり感じるほど、脳内のニューロン発火が増え、新しいシナプス結合が多くなることも分かっています。

さらに、「快感や幸福感」のホルモンであるドーパミンや「親密さや愛情」のホルモンであるオキシトシンの分泌も促され、高揚感や共感力、免疫力なども強化されていきます。

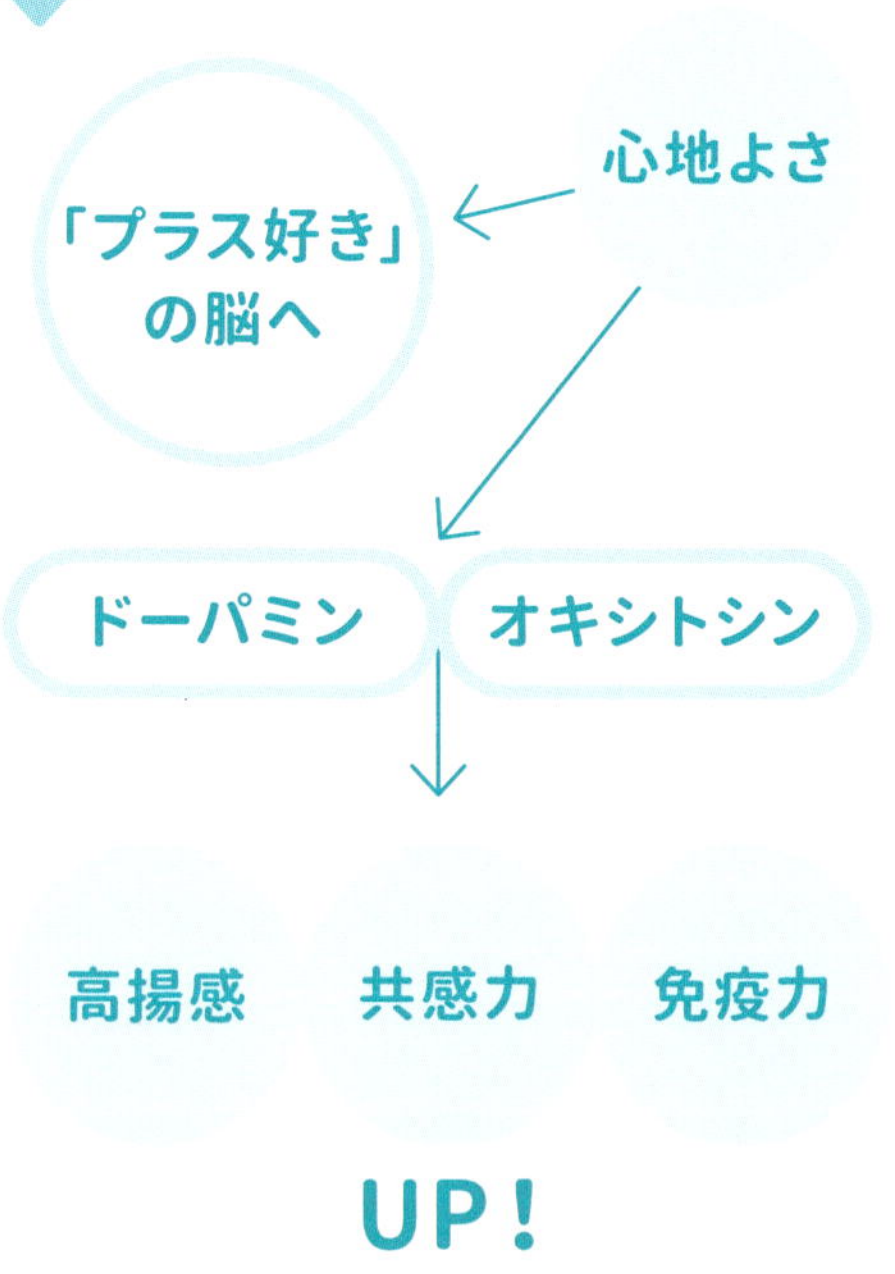

“心地よさ”の感覚を大事にしていけば人間関係も好転する！

何かいいことがあったら、「あー、嬉しかった」と思うだけで終わらせずに、とにかく自分に起きている**“心地よさ”の感覚を積極的に味わう**ようにしてみてください。

時間をかけて味わえば味わうほど、大きな効果があります。

↓

脳自体が持つ「マイナス好き」のクセが緩めば、人に対してもよりプラスの意識が向きやすくなります。
うまくコミュニケーションできたときの記憶を思い出しやすくなり、人づきあいへの意欲も高まって、周りの人たちとの関係が円滑になっていきます。

私も昔は、人目を気にするタイプだった

私も今でこそ、コミュニケーションをテーマにした研修やワークショップを行っていますが、昔はとても人目を気にするタイプでした。子どもの頃から内気で、自分にしっかり自信がもてず、それらを覆《おお》い隠すように、極端な完璧主義でもありました。自分の思いがうまく伝わらないときは、「何で分からないんだ！」とすぐイライラして、よく正論を振りかざしてもいました。強気というより、虚勢を張っていたのです。

社会人になり、人間関係や仕事のストレスから十二指腸潰瘍にもなりましたし、うつ病になりかかったこともあります。常に人の目を気にして、本当の自分を抑えつけていたせいで、心も身体も追いつめられていったのでしょう。

人間関係や自分自身について思い悩む日々の中で、私は人の「心」への関心を強く抱くようになっていきました。心理学やサイコセラピーという世界に出会い、自分自身を見つめ直し始めたのです。完璧主義的な性格の背後で、人に責められることをとても怖がっていた弱い自分。恥ずかしがり屋で、人目を気にしながらも、実は「分かってほしい」「認めてほしい」と激しくもがいていた自分。ワークショップやセラピーでの体験を通じて、私はそれまでは気づいていなかった、さまざまな自分と出会いました。それは衝撃的であり、混乱や戸惑いを伴ってはいましたが、とても新鮮でワクワクする体験でした。

ちょうど30歳になる直前、私は思い切って会社を辞めました。本場の心理学やサイコセラピーを学ぶべく、それまでの蓄えをすべてつぎ込んで、本場アメリカへと留学したのです。

異国の文化に触れながら、さらに自分を見つめ続け、心理学やコミュニケーションについて多くのことを学びました。それらを日常でも実践していく中で、自分自身への信頼感を取り戻すこともできました。とても楽に、自然体で人と係われるようにもなったのです。

もちろん今でも、人間関係の悩みが全くなくなったわけではないですが、それらの体験や学びは、何物にも代え難い大きな財産となっています。

2章

なぜ、人の心は すれ違いがちなのか？

コミュニケーションの心理学❶

分かりあいたいのに「分かっているつもりの法則」がすれ違いを引き起こす

世の中には、いろいろなタイプの人がいます

世代の違い	性別の違い
境遇や家族環境の違い	出身地の違い
趣味や好みの違い	学歴や職歴の違い
立場の違い	性格や考え方の違い
ゴハンを絶対に残せない人もいれば、残すことをまったく気にしない人もいます	時間にとても正確な人もいれば、ルーズな人もいます

こうした違いは、言動にもさまざまな違いを生み出します。誰もが自分なりの価値観や道理を持って生活しているにもかかわらず「相手も同じ考えだろう」と思い込み、コミュニケーションしてしまいます。その結果、多くのすれ違いが起きてしまう……。

私はこの無自覚な思い込みグセを「分かっているつもりの法則」と呼んでいます。相手の言ったことを「自分は分かっている」つもりで、自分の言ったことを「相手も分かっている」つもりでいるわけです。

いつだって「分かってほしい」と思っているのに…

「自分のことを分かってほしい」

できることなら、「相手のことも分かりたい」

しかし、「分かっているつもりの法則」によって、現実社会では無数のすれ違いが起こり、それが人間関係を難しくしてしまう

↓

「分かりあいたい…。でもうまく分かりあえない…」。これこそ、人とコミュニケーションしていくときの根源的なジレンマです。心の「思い込みグセ」に任せていたら、うまく人と理解しあえなくて当然です。人間関係やコミュニケーションに悩むのも、しかたがありません。

「ジュースをいっぱい買ってきて」の「いっぱい」を何本と捉えるかも個人差があるでしょう

コミュニケーションの心理学②

相手を決めつけたがる「ラベル付け」と、それがもたらす「マンネリ化」

相手のことも「分かっているつもり」になっていませんか？

「あの人は、がんこ者」

「あの人は、
気配りのできる人」

「あの人は、
いいかげんで
信用できない」

「あの人は、
いつも穏やかな人」

…etc.

　このように、人に対して「ラベル付け」をしてしまうクセ。それは、「未知への不安感」から生じています。人は、何事も「分かっている」ほうが安心できる生き物です。「マイナス好き」な脳のクセとも関係しますが、「分からないこと」には不安を感じてしまうのです。

　正体不明、予測不可能なことが身近にあれば、脳はいつまでも警戒を怠ることができません。そうしたストレスから解放されたくて、人間は何事も「分かっている」と思い込みたがります。

不安を避けるため「ラベル付け」は強くなっていく

ラベル付け

あの人は頑固者だ

↓

またそれか…

↓

やっぱりこの人頑固者！

「ラベル付け」が強固に…

自分の「勝手な思い込み」や先入観により、物事や相手を「限定的」に見てしまう

↓

考え方や感じ方なども、心が「決めつけた」イメージに影響を受け、偏ってしまう

↓

その相手へのイメージが、どんどん固定化していく

あなたが、ある人に「頑固な人だ」と「ラベル付け」していれば、その人が柔軟な考え方をしたときも、「今回はたまたまだ」などと軽く受け流してしまうでしょう。無意識に自分の中のイメージにこだわり、それに合わない言動を無視するのです。

一方、自分のイメージに一致する言動には意識が向き続け、「やっぱり、この人は頑固だ！」と勝手に再確認し、「ラベル付け」をより強固にしてしまいます。そうなると、あなたは本当には相手を見ていません。

あなたは、相手を見ているようで本当は見ていない！

たとえ目の前にいても、自分の中で完成済みの「その人のイメージ」を見ている

勝手に作った「着ぐるみ」を、相手に着せた状態で、その人と係わっているようなもの

その場での「生の相手」の気持ちや「存在」に気づかない

強固な「ラベル付け」ができると、目の前にいるその人のその瞬間の気持ちに気づきにくいだけでなく、その存在を意識できません。まして「嫌い」「苦手」などと思っていれば、たとえ優しい面や尊敬できる面などを感じたとしても、知らず知らずのうちに「そんなはずはない」と拒んでしまいます。

実際は、どんな人でも、常にその存在の「あり方」は、さまざまに変化し続けているのに、そのことに気づかず、関係を変えるきっかけもつかめないのです。

「ラベル付け」の完成が人間関係の「マンネリ化」を生む

その人との付き合い方は「パターン化」していきます

いつも同じような会話が繰り返されて、「またかそれか…」「そのセリフ、何度聞いたことか…」といった心のつぶやきが増えていく

「ラベル付け」と「パターン化」が加速していくと

結局はその人との関係自体が、いわゆる「マンネリ化」に陥る

やがて相手への新鮮さやイキイキとした興味が薄れていき、関係に退屈さを感じ始めます。

また、あきらめの気持ちも起きてきがちでしょう。「どうせ言ったところで、ムダなんだから」という心の声が大きくなって何も言わなくなり、相手との間に「心の距離」を取ってしまうのです。すると、「倦怠期」に陥ってしまいます。

コミュニケーションの心理学③

人は皆、「ビリーフ」（信じ込み）に操られている

ビリーフとは、自分自身が「正しいと信じて疑いもしない」もの

たとえば、仲間同士で食事をしました。精算の際、どのように支払いをしようと思うのかも、各人のビリーフによって異なります。

10円単位まできちんと計算したがる人

1000円単位の大ざっぱな割り勘でいいだろうと思う人

「たくさん飲んだから」と多く払おうとする人

男性と女性で金額に差を付けようとする人

…etc.

こんな何気ない言動にも、お金、性別、人間関係、平等さや公平さなどについての、その人なりのビリーフが反映されています。そして、自分とは違う支払い方が提案されると、こんな言葉が頭をよぎるのです。「え？　これが割り勘の常識でしょ？」「普通はこういう払い方だよ」「当たり前に考えれば、このやり方のはずじゃない？」と。

「常識」「普通」「当たり前」「～べき」「～ねば」といった言葉を口にするとき、その背後には何かビリーフが潜んでいがちです。

ビリーフはどう作られるのか？

多くの場合、幼少期に知らず知らず身につけたもの

自分が生まれ育った環境の中で「当然とされていること」の影響を色濃く受けている（親や先生の言いつけや命令、住んでいる地域や国の社会常識など）。

ビリーフの例

- 人の頼みを断ってはいけない
  ／カドが立つから本音を言ってはダメ
- 人に気を遣わせてはいけない
  ／自分のしたいようにするのはワガママだ
- 約束や時間はきちんと守らなければいけない
  ／何事も間違えてはいけない
- 仕事は結果がすべてだ
  ／イヤでもガマンしてやるのが仕事だ
- 男が人前で泣くなんて恥ずかしい
  ／女が人前で怒るなんてはしたない

ビリーフは「強い感情を伴った体験」をしたときに作られやすい傾向があります。

イヤな体験をしたら、そうした思いを二度としないためのビリーフが作られますし、素晴らしい体験をしたら、再び同じような思いをできるためのビリーフが作られます。

ビリーフが知らぬ間に あなたの生き方を決めてしまう

あなたが身に付けたビリーフは、価値観や人生観の源泉であり、あなたのこれまでの人生経験や「生き様」を表しています。

いざビリーフが作られると、日頃からそれに合わせた態度をとるようになります。また同じビリーフを他の人たちとも共有していると錯覚しています。

言わば、そのビリーフに操られ、考え方も言動も制限されるようになるのです。

↓

しかし当然、周りの人たちも皆、あなたと同じように考え、行動するとは限りません。人間関係がぎこちなくなり、トラブルの引き金になることもしばしばです。

ビリーフには、やっかいな点があります。人への「ラベル付け」と同様に、さまざまな体験や物事を、都合よく勝手に解釈したり、ビリーフにそぐわない面や出来事は無視して、「やっぱりね」と自分自身を安心させようとするのです。

ビリーフと一致させる「物語作り」は多かれ少なかれ、誰の中でも起きているのですが、ほぼ無自覚です。ですから、ビリーフがさらに強化されていくことはあっても、自分で意識的に修正していくことは極めて難しいのです。

自分のために作られたビリーフが、「生きにくさ」の元になってしまう

ビリーフは、その人が生きていく上で大いに役立ってもいる、とても大切なものです。

しかし一方で、勝手に信じ込んでしまっている「偏った真理」ですから、実際には常に正しいわけではありません。その時の状況によって、長所にも短所にもなります。

幼少期に「生きやすさ」のために作られたはずなのですが、社会に出て環境が変わると、通用しない場面が増え、「生きにくさ」の元にもなってしまうのです。

↓

ですから、自分の中にあるビリーフに気づき、その固定化を解いて、そのときに自分がおかれている状況によって柔軟に考え、行動できる「心のしなやかさ」を取り戻すことが重要です。

コミュニケーションの心理学④

「コミュニケーションの3つのレベル」を知っておこう

1 「言葉」のコミュニケーション

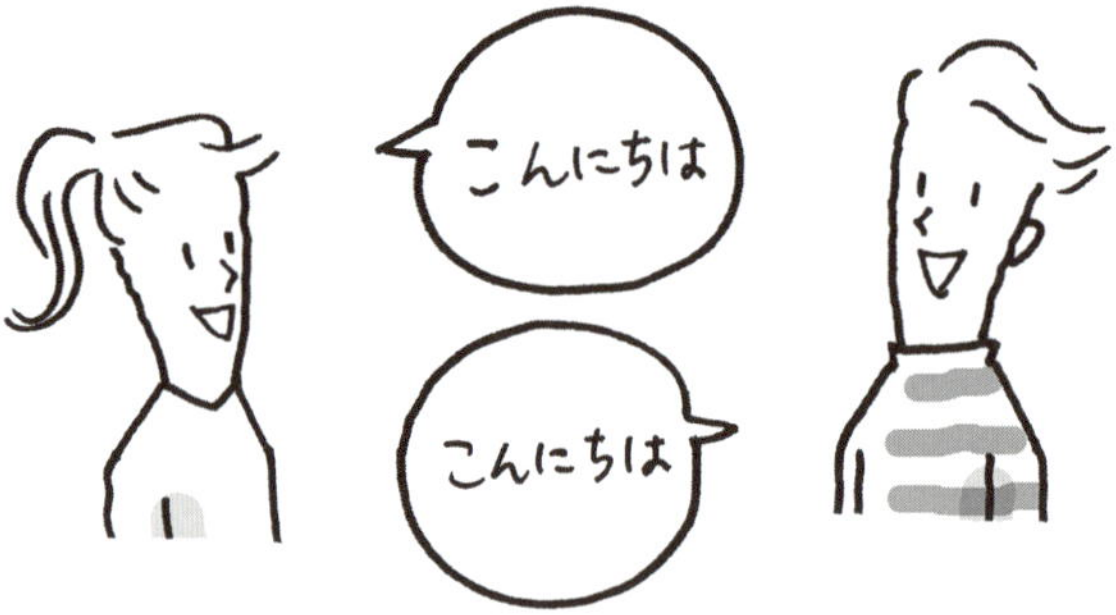

人との会話や、文章を読んだり書いたりすること。日常ごく普通に行っている、ごく一般的なコミュニケーションのことです。

人間関係を円滑にしたければ、このレベルでの大事なポイントは、相手の話をきちんと理解してあげること。いわゆる「聴き上手」になることです。話の途中で口をはさまれたり、意見されたり、反論されたり、うなずきつつも上の空だったり……日常生活では、話を充分に聴いてもらえていないことが多々あります。

人は誰しも「自分のことを分かってほしい」と思っていますから、しっかり話を聴こうとするだけでも、相手からの好感度が上がるのです。

2 「気持ち」のコミュニケーション

私たちは日常において、「言葉」のコミュニケーションが中心だと思っていますが、実はそうではありません。あなたも誰かに怒りを覚えたとき、ストレートに「私は怒ってます！」と口にすることは、ほとんどないでしょう。ため息をついたり、顔をしかめたり、腕を組んだり、語気を荒げたりなど、自然と言葉以外の形で表現しているはずです。相手のほうも、そのときのあなたの表情、身体のしぐさ、声の調子などから、「怒ってるんだな…」と判断しているわけです。

このように、言葉とは別のところで、互いの気持ちや思いを感じたり、察したり、理解したりするといった、内面的なやりとりが「気持ち」のコミュニケーションです。

一般的に、気持ちまで分かってもらえたときの喜びは、話をちゃんと聴いて理解してもらえたときの喜びを大きく上回ります。ですから、そのとき相手がどんな気持ちでいるのかに心を傾けて「共感」できたら素晴らしいですし、さらにそれを言葉でも伝えられたら最高です。

言葉以外のメッセージにもっと目を向け、気持ちの動きに寄り添うようにすると、コミュニケーションはより豊かになっていきます。

③「存在」のコミュニケーション

よく著名人などに、「あの人はオーラがある」といった言い方をすると思います。普通とは違う空気感や存在感のようなものを、そうした言葉で表しているのでしょう。また、「殺気を感じる人」「陰のある人」といった表現も、ときどき使われますね。

実は誰でも、ただそこにいるだけで、その人なりの「たたずまい」を持って、ある種の気配や雰囲気のようなものを漂わせています。それらは常に同じでなく、本人の状態によって変化もしています。同じ人が、あるときはエネルギッシュに感じられたり、別のときはどんよりと暗い気配が漂っていたり、はたまた穏やかな空気が流れていたり……。

私たちは、そうした互いの気配や雰囲気を、知らず知らず感じ合い、影響し合っているものです。それを、ここでは「存在」のコミュニケーションと呼んでいます。

困った心のクセから離れて、人間関係を好転させるカギとは？

誰かと一緒にいるときは……

ほとんど無自覚ですが、「言葉」や「気持ち」のやりとりが始まる前から、すでに「存在」のレベルでやりとりが始まっています

自分の「存在」そのものを感じ、受け止めてもらえる喜びは……

「気持ち」を分かってもらえる喜びよりさらに深く、他の何物にも代えがたいものがあるでしょう

↓

「存在」のコミュニケーションで好影響を与えている人は、言葉や気持ちのレベルでも、相手とのいい係わりができます。

人間関係のあらゆる場面で、「存在レベル」でのやりとりが起きています。普段ほとんど気づいていませんが、それに対する反応が、常にあなたの中でも起きているのです。

出会った人の内面の変化を認め、互いが存在している価値を認め、大切に受け止めながら係わろうとする。すぐに「分かっているつもり」にならず、そうしたコミュニケーションが実現できたとき、あなたと周囲の人たちとの関係は、劇的に変わっていくはずです。

コミュニケーションの心理学⑤

ワクワクして違いを受け入れるにも“心地よさ”がカギ

自分も相手も「人は常に変化している」という視点から人と係わると

「ラベル付け」を外すと…

- 新しい発見に出会えます
- 死ぬほど嫌いだった人に、優しさを感じられるかもしれません
- 口先ばかりと思っていた人に、尊敬できる面を見つけるかもしれません

↓

あなたの中で固まっている「ラベル付け」が外れると、周りの人たちから見えてくるものが、それまでよりもはるかに広がっていきます

人の存在や「あり方」は常に変化しています。どんなときも「その瞬間だけの相手」と「その瞬間だけの自分」との出会いなのです。その時その時の、「生の相手」と「生の自分」として分かりあうことこそ、人が本当に願っている「分かりあう」でしょう。

過去の相手にこだわらず、今この瞬間の相手に目を向け、その「存在」や「気持ち」をしっかりと受け止めようとする。それによって、より自由でダイナミックな、最上級のコミュニケーションを実践できるはずです。

「違い」を楽しめるようになったとき、人生は花開く！

人とのコミュニケーションを変えていく上でのチャレンジ

人の心は変化することや、それによって生じる不安を嫌うので、その瞬間瞬間の相手を感じようとしても、どこかで「分かっている」ことの安心に逃げ込みたくなってしまう。

↓

見方を変えれば、こうした心のクセから解放された人は、潜在的な才能を飛躍的に伸ばすこともできる。

“心地よさ”がカギ

人が持つさまざまな「違い」に対する感じ方が「ヘンだ！」から「面白そう！」に変わると、「人は常に変化していて、いつも同じではない」という現実も、受け入れやすくなります。

そして、新たな発見への期待感でワクワクし、常に喜びを感じながら、周りの人たちと係わっていけるようになるはずです。

そのためには、この本の最大のポイントである〝心地よさ〟を意識して、脳と心のクセを変えていくことがカギとなります。

「子育てに悩み苦しむ母親」を前に、私が感じたこと

私のセラピーに訪れたLさん（30代女性）の話です。当時2歳になる娘さんがおり、初めての子育てに奮闘中でした。Lさんは出産前、大手メーカーで商品開発の仕事をこなしていました。バリバリのキャリアウーマンだったのです。それが退職して家庭に入ってから、会社勤めの頃とのギャップに戸惑い、人生に疑問を感じるようになったのです。

何回かお会いしていく中で、Lさんは娘さんがダダをこねたり、大声で泣いたりすると、思わず叩いてしまうことを告白しました。むろん、ダメだとは分かっています。それなのに、自分を抑えられないのです。

Lさんは自分を責めました。後悔と申し訳なさとが入り交じり、自分がどのような苦しい思いでいるのか、涙ながらに私に語ったのです。

このとき私は、「言葉」のコミュニケーションでは、彼女が話したいように自由に話をしてもらっていました。口を挟まず、うなずいたり、相づちをうちながら、ていねいに耳を傾けて、Lさんの「物語」をそのまま理解していきます。「幼児虐待をしたひどい母親」などと、一般的なレッテルを貼ったりは決してしません。

同時に「気持ち」のコミュニケーションでは、彼女の悲しみやつらさを、できるだけ同じように感じようとしていきます。Lさんの言葉の中身ではなく、彼女が話をしながらまさに「そのとき」に感じている気持ちそのものに寄り添い、時おり「苦しいね…」などと言葉もかけます。

そして「存在」のコミュニケーションでは、自分がしたことを深く懺悔《ざんげ》し、感じるがままに涙を流しているLさんの姿から、人間としての「純粋さ」を感じ取り、心が洗われる感覚になっていました。また、人には決して言えずにいた話を、今まさにしている彼女の姿に「勇気」を感じ取り、自らの中で何か力がわき上がってくるのを感じてもいました。ラビング・プレゼンスの実践です。

私のそうした「共にいる姿勢」があったことで、Lさんは安心して、自分の苦しい胸の内を話すことができたのかもしれません。

3章

自分も相手も心地よい「一歩進んだマインドフルネス」

「ラビング・プレゼンス」とは？

自分を人生の「脇役」から「主役」にする方法

いつも相手のことばかり気にして、合わせていると…

喜びも落ち込みも、常に相手の気分や言動に振り回される

関係がうまくいかなければ、落胆したり、自分を責めることになる

「なんで気を遣ってることが分からないんだ」「鈍感なヤツめ」など、相手を責めることにもなりがち

自分の本当の気持ちが分からなくなり、最悪の場合、心身の病に陥る

一般的に、人と良好な関係を築きたいときは、話題、好み、時間など、「相手に合わせる」ことが定番です。もちろん、状況次第で役立つことも多いですが、結果は相手次第で、うまくいくとは限りません。

相手に合わせてばかりでは、「人生の主役の座」を相手に差し出し、肝心のあなた自身を脇役に回してしまいます。

ここでお伝えしたいのは「相手よりも、まず自分自身に目を向けることから始める」という、真逆なコミュニケーションの実践です。

相手に合わせなくても、互いに満たされる究極の方法

まずは「自分自身に目を向ける」（マインドフルネス）

自分で自分を大切に扱う（「心の糧」を感じ取る）

自分自身を“心地よさ”で満たしてあげる

◎

ラビング・プレゼンスはまず〝心地よさ〟で自分を満たし、自分を整えてあげる行為です。いい人間関係を築きたければ、細かなテクニックを気にするよりも、まずはあなた自身を「いい状態」にすること。つまり、自分が〝心地よさ〟を感じることから始めるのです。

そのような感覚を味わうことが、日常的に実践できれば、自然とあなたの心と身体は満たされます。

また、脳と心の「困ったクセ」も変化していき、さまざまな人との関係も好転していきます。

「ラビング・プレゼンス」の基本 ❶

まずは自分の“心地よさ”をじっくりと味わう

自分の“心地よさ”から始める

肩の力が抜けて
軽くなってくる

口元がゆるみ
笑みがこぼれてくる

胸のあたりが
暖かくなってくる

お腹のほうから
ワクワクした感じが
わいてくる

身体全体が
フワッと広がって
いくような感覚

…etc.

　ラビング・プレゼンスでは、人と係わる前に、まず相手の人から目に見えない「心の糧」を積極的に感じ取ります。すると、あなたの中では何らかの〝心地よさ〟が起きてきます。たとえば、嬉しい、ワクワク、安心、暖かい、リラックスなどです。

　心地よい感覚をじっくりと味わうと、自分の心や身体が満たされている状態になります。この「あり方」こそ、一番のポイントです。

　それから、言葉を交わすなどの具体的なやりとりを始めていきます。

相手から「心の糧」を感じ取り、“心地よさ”で自分を満たす

マインドフルネスで相手の「存在」を意識する

人と人は、ただそこに一緒にいるだけで、すでに互いの「存在」間でさまざまに影響しあっています（＝「存在」のコミュニケーション）。

↓

「心の糧」になるような何かを感じ取る

誰かと一緒にいるときは、積極的に「受け取る側」になり、自分の中に起きてくる「相手からのプラスの影響」を意識していきます。

↓

起きてきた“心地よさ”をマインドフルネスで気づき、味わう

自分の中に起きてきた“心地よさ”の感覚に気づきます。それから、その感覚をじっくりと味わっていきましょう。

相手に告げなくてＯＫ

結果として、自分自身が満たされて「いい状態」になることを、何よりも優先させます。自分の中で暗黙のうちに行うだけでＯＫ。自分がどんな“心地よさ”を味わっているのかを、相手の人に告げる必要もありません。

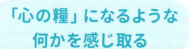

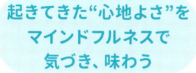

「ラビング・プレゼンス」の基本 ②

「プラスの循環」が起こり、「いい人間関係」が生まれる

あなたが「いい状態」でいると

1 あなたの“心地よさ”が相手にも伝染する

相手がしていることや感じていることを察し、自分も同じ状態にあるかのような反応を引き起こす、脳の「ミラーニューロン」の働きによって、自然な「気分の伝染」が起きる。

↓

結果的に、あなたの“心地よさ”が、相手も「いい状態」へと誘うことになる

2 相手への「ありがとう」の感覚が起きる

ラクな気分で一緒にいられるようになり、相手を尊重し、受け入れる姿勢も自然に生まれてくる

↓

意識的に相手に感謝したり、受け止めようとするのとは違って、無理のない感覚

自分を先に満たすと、無理をしなくても自然といい関係が生まれていきます。

まず、あなたの〝心地よさ〟が相手にも「伝染」し、プラスの影響を与えます（脳のミラーニューロンの働き）。

さらに、〝心地よさ〟を感じているあなたの中では、自分に〝心地よさ〟や「いい状態」へのきっかけをくれた相手に対して、「ありがたいなあ…」などといった感覚や気持ちが、ごく自然にわいてきて、その人を尊重し、受け入れる気持ちや姿勢が生まれます。

満たされた自分から「プラスの循環」が始まり、深いつながりが生まれる

自分の「いい状態」や「感謝と尊重の姿勢」が、相手に伝わる

↓

相手は安心していき、より「いい状態」になっていく

↓

互いの間に「プラスの循環」が起きてくる

↙

「いい関係」が無理なく自然に生まれていく

あなたのそんな姿勢や感覚も「皮膚感覚」のように、相手に伝わっていきます。その「あり方」に触れた相手の人の中で「この人は、私の味方なんだな……」というような安心感が生まれ、おのずと心が開かれていく。あなたは、その人からさらに「心の糧」を得ていき、それがより暖かないたわりや尊重のエネルギーとして相手へと伝わっていく、という「プラスの循環」が、互いの間に起きてきます。

それぞれの心が相手の存在によって鼓舞され、信頼関係が生まれていくのです。

「ラビング・プレゼンス」のユニークさと効用❶

相手へのマイナスの感情はそのままでいい

いわゆる「良いところ探し」とは違います

相手の「良いところ探し」

ムリにでも、その人の長所を探そうとする。

↓

「相手」が中心

自分の気持ちを横に置き、相手の「良いところ」に合わせ、「主役の座」を明け渡すことになる。また、相手の「イメージ固定化」や「ラベル付け」にもつながってしまう。

ラビング・プレゼンス

自分にとっての「心の糧」を相手から感じ取る。

↓

「自分」が中心

そのとき自分の中で起きてくる「プラスの変化」に目を向けて、“心地よさ”を味わっていくだけ。イメージを固定化せず、相手も自分も「常に変化している」ことを前提に係わる。

人間関係で「良いところ探し」をしていると、ムリにでも相手の長所を探します。たとえば、「この人の良いところは、穏やかさだな」などと考え、その後は「穏やかな人」というイメージを強めるよう、自分の感じ方を変えようとします。

逆に、ラビング・プレゼンスでは、もし相手が「穏やかさ」の雰囲気を強く漂わせていても、それがそのときは自分の糧とはならなければ、そのとき自分にとって有益な、別の糧を相手から感じ取り、〝心地よさ〟を感じていけばいいのです。

嫌いな人を嫌いなままでも大丈夫

どんな感情も、自分にとっての「真実」として認める

誰かを「苦手」や「嫌い」と思うことは、「気持ちレベル」で拒否することです。どんなマイナスの感情も、“心地よさ”と同様に、そのときの自分にとっての真実として、まずそのまま認めてあげてください（５章の〈ヒント４〉も参照）。

「存在レベル」は別腹？

人は常に変化しています。「気持ちレベル」で嫌いでも、「存在レベル」では自分への糧も何かあるだろうと思っていると、何らかの“心地よさ”を味わえる可能性が生まれます。

「キライ」と「キモチいい」は共存できる

「自分のマイナス感情とのつきあい方」とラビング・プレゼンスの実践、その両方に慣れてくると、「キライなものはキライ。キモチいいものはキモチいい」というように共存できるようにもなります。

苦手な相手の場合でも、ラビング・プレゼンスの基本的なやり方は同じです。ただ、〝心地よさ〟を感じようとする前に、まずは相手へのマイナス感情を、そのまま心の中でしっかり受け止めておくことが大事です。

経験を積めば、マイナス感情を否定せず〝心地よさ〟も感じられるようになります。現実には〝心地よさ〟までは難しいことも多いですが、マイナス感情に支配されなくなり、よりニュートラルな感じにはなれます。「悪い感じにはならない」だけでも大違いです。

「ラビング・プレゼンス」のユニークさと効用❷

「自分中心」は、むしろ「相手のため」にもなる

自分を後回しにせず、「まず自分のため」に人と係わろう

自分は後回しで、ムリをしていると…

ムリをしつつ相手に合わせていたら、気持ちが伴わない表面的な対応になりがちです。それでは本当に「相手のため」にはなりません。

まず自分が「いい状態」になっていると…

相手の存在を通じて"心地よさ"を感じていると、自然とその人に何かしてあげたくもなり、本当の意味で「相手のため」に動けるようになります。

↓

だから、もっと自分を大事にしてください！

「相手のため」にも、相手の気持ちを考える前に、自分の心と身体を心地よく整えてください。

日本では「和」を重んじる文化と生活習慣からか、自分を後回しにして他者のために尽くすような行為が美徳とされてきました。「自分中心」という言葉を聞くと、どうしても自分勝手、ワガママといった連想をしやすく、反発したくなる気持ちも理解できます。

しかし、ラビング・プレゼンスの実践で、心地よく「自分中心」から始めることは、決して身勝手な行為ではありません。

むしろ、「自分のため」と「相手のため」を両立させる道なのです。

さまざまな場面で ラビング・プレゼンスは効果大！

対人援助職の人

医療、看護、介護、福祉、教育、保育、心理、美容、ボディケアなど…。患者や生徒、お客さまなどとの係わりの中で“心地よさ”を感じられるようになれば、信頼関係を築くのがとてもラクになります。

子育て奮闘中の人

お子さんとの係わりの中で、時おりでも自分に“心地よさ”を充電できれば、大変さやストレスを感じることが減り、愛情を再確認でき、子育てをより楽しめるようになります。

接客業の人

営業、販売、給仕、受付、顧客対応などの「接客業」も、“心地よさ”から始めていけば、対人ストレスを大幅に減らせるはずです。

一般的な会社員

上司や同僚、取引先などのやりとりや関係がより心地よいものに変わっていけば、仕事に対してより前向きになれるでしょう。

↓

どんなときでも自分の心と身体に“心地よさ”の感覚を生み出せる

常に充電でき、ストレスなく「相手のため」にも動けるようになる

頑張りすぎによる「燃え尽き症候群」の予防にも！

人間関係が良くなるだけでなく、仕事や人生までも好転していく！

お客さまから“心地よさ”を感じ、前向きな気持ちに

ある会社のコールセンターで、「お客さま窓口」を担当しているK子さん。お客さまの要望に添えるときはいいのですが、時にはムリな要望を押し付けられることもあります。あからさまに怒りをぶつけてきたり、あげ足を取って1時間以上も文句を言い続けたり…。

「あぁ、イヤだなあ…。もう何回も説明してるじゃない！」

「そんなこと言われても。そもそも、あなたの要求がムチャなんだけど」

「こっちが言い返さないと思って、いい気になってんじゃないわよ！」

…そうした気持ちを押し殺し、ていねいな応対を心がけるものの、イライラが募っている。まさに今にも爆発しそうな毎日でした。

そんなK子さんは、ラビング・プレゼンスのワークショップに参加したことをきっかけに、仕事中のコミュニケーションを、根本から変えました。それまでは、いわば「受け身」の姿勢で電話応対していましたが、相手の姿をイメージし、自分の〝心地よさ〟を意識するだけで、お客さまがより身近に感じられて、話すことが楽しくなってきたのです。

穏やかな声で話すお客さまのときは、気持ちが落ち着き、身体がふわっと暖かくなるようにも感じました。そうした自分の中の〝心地よさ〟を感じていると、顔も知らない方なのに、親しみを覚えるようになりました。かつてはマニュアル通りの対応に徹していたK子さんが、誰に言われたわけでもなく、「お手伝いできるところがあれば、もっと積極的にお手伝いしたい」といった気持ちになってきたのです。

すると、お客さまも悪い気持ちはしません。最初はぶっきらぼうであっても、話しているうちに馴染んできて、だんだんと優しく接してくれます。もし不満を抱えて電話してきても、度を越えて感情的になったりはしません。それがなおさら、K子さんを前向きな気持ちにさせます。

こうして日に日に、仕事でのイライラが小さくなっていったのです。

4章

人間関係がラクになる
ラビング・プレゼンス
実践法

ラビング・プレゼンス実践のコツ

“心地よさ”で人間関係を変える3つのステップ

たった3つのステップで、人間関係は激変する！

人間関係で“心地よさ”を味わうための3つの練習ステップ

ステップ1　自分の中の“心地よさ”を味わう練習

ステップ2　自分自身をていねいに観察する練習（マインドフルネス）

ステップ3　自分の中に“心地よさ”を生み出す練習

それでは、ラビング・プレゼンスの考え方を基に、自分を大事にしながら、いい人間関係を作っていくコミュニケーションの、具体的なやり方をご紹介していきましょう。とは言っても、あなたがすべきことは自分の〝心地よさ〟に気づき、味わう練習だけです。

それぞれのステップにはいくつかの段階があります。どれも単純なことですから、慣れればすぐに実践できると思います。まずは準備段階の〈ステップ1・2〉をしっかり練習し、感覚をつかんでみてください。

自分の中の“心地よさ”を味わう練習

ステップ1 まずは“心地よさ”に目を向けよう！

「思う」と「味わう」の違いとは

思う	味わう
頭が中心	全身
ラベル付け	感覚として感じる
“心地よさ”の感覚はあまりない	さまざまなプラスの感覚をじっくり堪能
「思う」だけでは、“心地よさ”の感覚はほとんど伴っていません。	自分に起きている身体の感覚や気持ちなどを、時間をかけて、ていねいに感じていくことです。

“心地よさ”の感覚をじっくり味わってはじめて、
脳にプラスの変化が起きてきます（詳しくは1章を参照）。

ステップ 1-a

日々の生活の中で実際にあった「いい体験」を思い出す

まずは、なるべくリラックスして座る

↓

「いい体験」を何かひとつ思い出す

嬉しい、楽しい、安心、暖かい、和む、感動、ワクワク感、力がわいてくるなど、自分なりにいろいろとあるはずです。

日常での「いい体験」の例

- ペットのネコとたわむれていると、いつも癒される
- 昨日のランチが、とても美味しかった
- 友達とのおしゃべりが、すごく楽しかった
- 風呂上がりのビールが最高！
- 庭のお花を見ていると、幸せな気分になる
- マッサージに行ったら、気持ちよかった

Point

リラックスしながら、本当に身近な「ささやかな幸せ」を、思い出してみましょう。

ステップ 1-b

「いい体験」が思い出せたら、目を閉じて、より詳しく振り返る

目を閉じてなるべく事細かに、その場面を鮮明に思い出し、イメージしてみる

それは
どんな場所
でしたか？

周りには
何があった
でしょうか？

自分以外に
誰が
いましたか？

↓

細部まで思い出すと……

たとえば、「ペットのネコとたわむれていて癒される」体験の場合、細部まで思い出したら、次のようになるかもしれません。

いつもの自宅の部屋。木目調のイスとテーブルがあって、白い鉢に植えられたいくつかの観葉植物の葉に陽の光が当たっている…

↓

イスに座った自分の膝の上で、飼っている三毛ネコが「ゴロゴロゴロ……」とのどを鳴らしながら、気持ちよさそうに目を閉じて丸まっている…

↓

それを見ていると、こちらまでリラックスしてくるし、なんだか和んでくる…

ステップ 1-c

そのとき、自分がどんな“心地よさ”を感じていたのか確かめる

“心地よさ”を確かめる

具体的な場面がイメージできたら、目を閉じたままで、そのときに自分がどんな“心地よさ”を感じていたのかを確かめていきます。

↓

ていねいに感じる

「いい体験」をイメージしながら、自分がどのような気分になっているか、身体のどの場所にどのような気持ちよさがあるかなどを、ていねいに感じてみてください。

“心地よさ”の感覚の例

肩の力が抜けて緩んできた

胸のあたりがポワッと暖かくなってきた

なんだか楽しくなってきて、
口元も緩んできた

お腹のほうからワクワクした感じが
わき上がってきた

Point

実際に体験したときには気づいていなかった別の気分や感覚に気づくかも！

ステップ 1-d

“心地よさ”の感覚を、できるだけ時間をかけて味わう

目を閉じたまま、時間をかけて

“心地よさ”の感覚に気づいたら、できるだけ時間をかけて充分に味わっていきます。ここでも、目を閉じたままのほうが、心と身体の感覚に敏感になれます。

↓

“心地よさ”に集中して

「感じること」に慣れていない人は、初めのうちは飽きてしまったり、他のことが思い浮かんで、すぐに目を開けてしまうかもしれません。それでも、1分ぐらいはなるべく余計なことを考えず、“心地よさ”を感じることに集中してみてください。

Point

慣れてきたら、味わう時間を延ばしてみましょう。

↓

充分に“心地よさ”を満喫できたら、ゆっくりと目を開けます。

ここまでで、〈ステップ1〉は終了です。時間が許すなら何度でも、別の「いい体験」も思い出して、“心地よさ”を味わってください。

自分の中の“心地よさ”を味わう練習

〈ステップ1〉の
全般的な注意点・まとめ

1 慣れるまでは、「大きな幸せ」でコツをつかむ

大きな幸せ ＞ 日常のささやかな幸せ

に目を向ける

最初のうちは、何かいい体験を思い出して、“心地よさ”の感覚を味わい直すのが、なかなか難しいことも珍しくはありません。そうした場合は、日常のささやかな幸せより、大きな幸せに目を向けてみましょう。たとえば、「心の底から感動した出来事」や「一生忘れられない出来事」などです。

2 それでも難しければ、リアルタイムで“心地よさ”を感じる練習をする

リアルタイムで

身体のどの部分が変化？

具体的に意識して感じる

こんなシーンで…

- お風呂に入っているとき
- 食事をしているとき
- 好きな絵を観ている
- 好きな音楽を聴いている
- 好きな服を着ている
- きれいな景色を観ている
- 草花がきれいだと感じたとき
- 清々しい自然の中で散歩
- マッサージをうけている
- お布団の中でぬくぬく
- ペットとたわむれている
- お茶やお菓子で一服中のとき

たとえば、お風呂に入っているとき、心身がどのように満たされたのかを、意識して感じてみてください。漠然と「暖かくてキモチいいなあ…」だけでは不充分です。「身体のどの部分に暖かさや緩んでくる感覚があるか」「キモチいいという気分にじっくり浸っていると、身体のさまざまな部分の感覚がどのように変化していくか」などを具体的に意識して感じていきます。
同様に、食事を味わいながら試してもいいでしょう。

自分自身をていねいに観察する練習

ステップ2

相手と仲良くなる前に、自分自身と仲良くなろう！

「自分の中で起きていること」に気づくための練習 ～マインドフルネス～

自分をていねいに観察し、自分自身のさまざまな変化を感じられる習慣を身に付けていきます。

〈ステップ1〉で気づき、味わった“心地よさ”だけではなく、マイナス感情や身体の痛みなども含めて、あらゆる気持ちや感覚などを幅広く感じていく練習です（マインドフルネス）。

マインドフルネスのコツは、自分に「起きていること」から、意識的に距離を取り、心理的にやや離れた立場で、自分自身を見つめてみることです。

マインドフルネスとは、「今ここ」での気づきの意識です。体験の中に入り込まずに少し距離をとり、「明日のことを考えているな」「不安を感じているんだな」「胸に痛みがあるなあ」といったように、事実を事実のまま、良いとか悪いとかの解釈もせず、ただそのまま気づいていきます。

マインドフルネスで「自分を観察する」ことは、自分をよりよく知り、「自分自身と仲良くなる」ことです。自分を大切に扱ってあげるつもりで、くり返し練習してください。

マインドフルネスのコツ

自分の体験から「距離」を取って観察する

感情の中に入り込んでいる人

感情に気づいて観察している人

ステップ 2-a

身体を動かしリラックスする

少し身体を動かして、ほぐす

立ち上がって伸びをしたり、ちょっと身体をひねったり、こわばっている部分を軽くもんだり、ジャンプしたり、手足をブラブラさせたり…。

Point

身体が固まっていると、心も固まった状態となってしまい、自分を見つめたり、感じづらいのです。

ステップ 2-b

リラックスして軽く目を閉じ、呼吸を数える

なるべくリラックスした姿勢で座り、軽く目を閉じる

まずは、呼吸を意識して、数えるところから始めてみます。
単純に、息を吐くごとに「ひとつ」「ふたつ」「みっつ」…という感じです。

↓

吐く息を数えることに集中する

他にするべきことは何もありません。ただひたすら、吐く息を数えることだけに集中してください。これだけで､心も身体もよりリラックスしてきます。

↓

自分の呼吸を意識し続ける

途中で雑念などが浮かんできて、**いくつ数えたか忘れてしまったら、また初めから数え直してください**。いくつまで数えなければいけない、といった縛りもありません。
重要なのは、数えることにより、自分の呼吸を意識し続けることです。

ステップ 2-c

呼吸に意識を向け続けて、呼吸を観察する

しばらく呼吸を数えたら、今度は呼吸をていねいに観察する

呼吸の観察の例

空気が、胸やお腹のどの辺りまで入ってきている感じでしょうか？

息が吸いにくかったり、吐きにくかったりする感覚があるでしょうか？

空気が鼻を通っていく時、そこにどんな感覚があるでしょうか？

呼吸と一緒に、身体のどの部分がどのように動いているでしょうか？

吸っている時と吐いている時で、何か違う気分や感覚があるでしょうか？

↓

呼吸と向き合うだけでも多くの変化に気がつく

このように呼吸と向き合っているうちに、普段は意識していないだけで、呼吸だけでも実に多くの変化が起きていることに気づくと思います。

Point

その変化をただそのまま実感することが、ここでのポイントです。

ステップ
2-d

呼吸以外のさまざまなことにも目を向けて観察する

呼吸の観察に慣れてきたら、少しずつ他にも意識を向ける

考えていること、気持ちや気分、身体の感覚、記憶、イメージなどです。

↓

何が起きていてもOK

何かを変えようと努力する必要はありません。自分の中で「今、起きていること」と「新たに起こってきたこと」を、そのまま観察し、それを心の中でつぶやいてみます。

つぶやきの例

- **考え**「明日の予定を考えている」「さっきどうすべきだったかを考えている」
- **感情や気分**「ホッとしてきた」「もの悲しい」「ウキウキした感じがする」
- **身体の感覚**「右肩が重たい」「お腹が暖かい」「つま先がもぞもぞしてきた」
- **記憶**「昨日の食事を思い出している」「高校時代の体験を思い出している」
- **その他**「森の風景が浮かんできた」「鳥の声を聞いている」など

ここで特に気を付けたいことは、**具体的な考えが浮かんできた場合の対処法**です。「明日の会議の段取りを、早く決めなきゃ！」と浮かんだとき、それに巻き込まれると、会議のことで頭がいっぱいになって他のさまざまな心身の変化を感じることができなくなってしまいます。
ですから、その考えから少し距離を取るよう意識して、ただ「今、仕事のことを気にしている」などと、心の中でつぶやくだけにしてみましょう。

Point

何に気づいても、「良い悪い」などの意味付けや解釈はせず、あくまでも観察に徹してください。

ステップ 2-e

好きなだけ自分を観察してから、ゆっくりと目を開ける

目を開ける

納得するまで自分を観察したら、ゆっくりと目を開けます。目を開ける前に２〜３回ほど、大きく深呼吸してみてもいいでしょう。

Point ❶

最初のうちは、短い時間から始めてみましょう。５分、10分とタイマーなどをセットして行う手も。

Point ❷

慣れてきたら、設定する時間をもっと長くします。可能なら時間を決めずに、気が済むまで自分自身と向き合ってください。制限時間がない方が、より自然体で自分に意識を向けやすくなるでしょう。

ここまでが〈ステップ２〉です。
終えてみて、どんな気分でしょうか？
身体の感じはどうですか？

自分自身をていねいに観察する練習

〈ステップ2〉の
全般的な注意点・まとめ

1 まずは自分が感じられる範囲で気づいていければOK

観察する感じが乱れてきたら

雑念が多くなったり、集中が切れてきたら、「呼吸の観察」に戻るように心がけてみましょう（2-b、2-c）。

眠くなってしまったら

目をうっすらと開け、ぼんやりと一点を眺める形に切り替えます。何を見ているのかはっきりは分からないくらい、うっすら開けるのがポイントです。

Point

視覚情報は刺激が大きいので、完全に目を開けてしまうと意識が覚醒して、「考えること」ばかりになってしまいがちです。何かを見るというより、一点にぼんやりと視線を漂わせておく状態なら、眠ってしまうことなく再び自分の観察にチャレンジできます。
マインドフルネスで自分をしっかり観察するには、**「身体はリラックス」**していても、**「意識は集中」**している必要があります。完全に気が抜けてしまってはダメなのです。

観察することに、すぐ飽きてしまったら

「飽きた」や「疲れた」という、その気分自体をそのまま受け止めるようにしてみましょう。「今、もう飽きたと思っている」という感じです。

2 起きていることに「良い悪い」の解釈をしない

マインドフルネスでは、どんな考え、気持ち、イメージ、感覚もOKという姿勢が大切です。**分析、解釈、判断、意味付けなどは、なるべく避ける**ように心がけましょう。

たとえば、誰かへの激しい怒りの気持ちが起きてきたときなどは、「こんなふうに怒るなんていけない」などと、否定的な解釈や考えが起きてきがちです。その場合も、「今、怒っている」と、ただそのまま受け止めるだけにしてみてください。

どうしても「良い悪い」の解釈や考えが浮かんだら

やはりそれら自体をそのまま受けとめてみてください。つまり、「今、（怒るのは悪いと）考えている」というように心の中で言ってみるのです。

そうすれば、否定的な気持ちに自分が取り込まれずに済むでしょう。

自分の中に“心地よさ”を生み出す練習

ステップ 3

周りの人の「存在」を通じて“心地よさ”を生み出そう！

ラビング・プレゼンスの練習
～人間関係の中でマインドフルネスを活用する～

ここまでの２つのステップで、あなたは自分の中の“心地よさ”や他のさまざまな感覚に気づけるようになっているはずです。

そうした感覚を大事にしながら、今度は周囲にも意識を向け、自分の中に“心地よさ”を生み出す練習です。

「存在」のコミュニケーション

いよいよ、周りにいる人を通じて〝心地よさ〟を味わう、ラビング・プレゼンスそのものを練習する段階です。

3章でご説明したように、人は言葉を交わしていないときでも、「存在」のコミュニケーションでお互いがさまざまに影響しあっています。

常に変化していく、相手との目に見えない係わりの中で、自分にとっての「心の糧」を積極的に感じ取り、〝心地よさ〟を味わえるようになっていきましょう。

ステップ
3-a

意識を向ける相手を決める

自分が意識を向ける相手を決める

何らかの「心の糧」を感じ取って“心地よさ”を味わうための対象として、自分が意識を向ける相手を決めます。

Point

最初のうちは、まったく知らない人がいい

先入観がない分、素直に感覚を受け入れられます。たとえば、電車やバスで乗り合わせた人、飲食店で少し離れた席に座っている人、公園を行き交う人たちなどから、ひとり選んでみてください。

ステップ
3-b

目を閉じて、まずは自分を察する
～マインドフルネス～

ここでは〈ステップ2〉全体を行って、
マインドフルネスの状態になります。

**なるべくリラックスした
姿勢で座り、軽く目を閉じる**

↓

吐く息を数えることに集中する

↓

自分の呼吸を意識し続ける

↓

**しばらく呼吸を数えたら、
少しずつほかにも意識を向ける**

Point

あまり時間をかける必要はありません。「自分を観察できている感じになったな」（〈ステップ2-d〉の状態）と、自分でなんとなく思えたらＯＫです。

ステップ 3－c

目は閉じたまま“心地よさ”を感じるための「心の準備」をする

自分を観察できる感じになったら「心の準備」をする

実際に口にする必要はありませんので、心の中でしっかり宣言してください。

「このあと、目を開けると、今の自分にとって必要な何かが流れ込んでくる。
その結果、何か『いい感じ』が起きてきて、私はそれを味わうことができる」

Point ❶

宣言の言葉を正確に覚えなくてもOK

「今の自分にとって必要な何かが流れ込んでくる」
「自分に起きてきた『いい感じ』を味わえる」
という２点を、自分なりの言葉で言えれば、それで大丈夫です。

Point ❷

「心の準備」はとても重要

こうした宣言をすることで、**マイナス好きの「脳のクセ」を一時的に弱められます**。自分にプラスとなる何かを感じ取るには、自分のモードを切り替えるための意図的な「心の準備」が必要となるのです。

ステップ
3-d

「心の準備」ができたら目を開け、一瞬だけ相手を見て、すぐに目を閉じる

1秒ほど目を開けて、すぐにまた閉じる

〈ステップ3-c〉の「心の準備」をしたことで、すでにあなたは、「今の自分にとって必要な何か」をその相手から受け入れる態勢ができています。

ただ心の扉を開いて、それを受け止めればいいだけです。

Point ❶

しっかりと「心の準備」ができていると…

1秒ほど目を開けたときに、その相手の人を通じて、**自分に必要な何かが自然に入ってきます。**

不思議に思われるかもしれませんが、「脳がマイナスの準備をしている」いつもの状態だと自分にマイナスなものばかり入ってきやすいのと、基本的に同じからくりです。

Point ❷

目を開けるとき、相手のことを強く意識しないこと

何かを自分から取りに行こうとすると、かえって感じにくくなってしまいます。**放っておいても、向こうからやってくる…。**

そのような気持ちで、頭を働かせないようにして、ゆったりと待っていてください。

Point ❸

慣れれば、目を開けたままでもOK

ラビング・プレゼンスの感覚にかなり慣れてくれば、いちいち目を開けたり閉じたりしなくても“心地よさ”を感じられるようになります。

〈ステップ3-c〉の「心の準備」も不要となってきて、「ちょっと今、ラビング・プレゼンスしてみよう」ぐらいの意識の切り替えで充分にもなるでしょう。

そうなれば、“心地よさ”を感じながら相手の話を聴いたり、日常のコミュニケーションでの応用範囲がより広がります。

ステップ 3-e

何か“心地よさ”が起きていないかどうか、自分を観察し続ける

再び目を閉じたら、自分の観察に戻る

すでにあなたの中に、「今の自分にとって必要な何か」が流れ込んできています。 今度は、それによって自然に起きてくる“心地よさ”の感覚を、マインドフルネスで見つけていきます。

Point ❶

楽しみながら探す

自分の中で「宝探し」をするようなつもりで、**好奇心とワクワク感**をもって、楽しみながら探すのがポイントです。

Point ❷

“心地よさ”が見つからなかったときは…

〈ステップ3-c・d〉に戻り、改めて「心の準備」をし直して、再び1秒ほど目を開けます。何度かくり返す場合は、1回ごとに充分な間隔を取りつつ行ってください。

Point ❸

3～4回やってもダメなときは…

「今回はうまくいかなかったな」と気持ちを切り替えて、目を開けてしまいましょう。**焦ると、気づきにくくなる一方**です。対象や、場所と時間などを変えてみて、また試せばいいだけです。くり返すうちに、だんだんとコツが分かってきます。

ステップ 3-f

“心地よさ”に気づいたら、じっくり味わってみる

充分に味わう

何らかの“心地よさ”が自分の中で起きていることに気づいたら、それを充分に、心ゆくまで味わってみましょう。

「受け取ったもの」については考えない

「自分が相手からどんな糧を受け取ったのか」については、考えないようにしてください。“心地よさ”を味わう妨げになってしまいます。

Point

慣れていないうちは…

いつもの「脳のクセ」から、“心地よさ”ではなく、あまり良くはない感覚に気づく可能性もあります。そんな時は、それをすぐに否定せずに、「こういう感じもあるんだな……」と、まずは受けとめてみましょう。

自分自身の中で「いったん脇に置いておく」ようにしてみます（マインドフルネスで「自分を観察する」要領です）。それから、改めてしっかりと「心の準備」をし直して、“心地よさ”を感じる方向へと意識を向け直してみましょう。

ステップ 3-9

充分に“心地よさ”を味わってから目を開ける

満足できたところで、ゆっくりと目を開ける

改めてその相手の人を見てみると、どんな感じでしょう？　“心地よさ”を味わう前と比べて、何か違った感覚などがあるでしょうか？

たとえば…初対面の外国人に

「どこの国の人だろう？」「言葉は通じるかな…」などと、構えている感じ → 構えが取れ、同じ人間としての親しみを強く感じる

公園で遊ぶ子供に

特別な気持ちはなく、ただ「遊んでるな」というだけの認識 → 強い生命力と好奇心が感じられ、ワクワクした感じになる

電車で爆睡しているビジネスマンに

「なんか、みっともない」「乗り過ごしそうだな」などと、失笑する感じ → 「お疲れさま…あなたも頑張ってるんだね」的な共感の気持ち

やっと寝かしつけた赤ちゃんに

「やっと寝た…すぐ起きちゃわないで～」「静かにしてなきゃ」とハラハラ → 深い愛おしさや感謝の思いがわいてきて、涙ぐむ

駅前で盛り上がる若者に

「うるさいぞ。迷惑だろ」「こんなところで騒ぐな！」と批判的 → 「自分も昔こんな感じだったな…」と、懐かしさの感覚と親近感

ここまでが〈ステップ3〉です。
いろいろな人を対象に、同じように試してみて、
さまざまな“心地よさ”の感覚を味わってみてください。

自分の中に“心地よさ”を生み出す練習

〈ステップ3〉の全般的な注意点・まとめ

1 思い通りに“心地よさ”が感じられないときは…

少しずつやり方と方法に慣れていく

〈ステップ3〉で、初めからうまく“心地よさ”を感じられなくても大丈夫です。普段はこのように人を意識することはないでしょうから、自分のペースで少しずつ、このラビング・プレゼンスのやり方と感覚に慣れていきましょう。

まずは、次の点を改めて見直してみてください。

相手を通じて“心地よさ”が感じられないときの注意点

- 〈ステップ3-c〉の「心の準備」をしっかりして、
「どんな感じが起きてくるんだろう」と好奇心やワクワク感を持つ。
- 「心の準備」をしたら、
あとは自分の中で自然に起きてくることを信じて待つ。
- 〈ステップ3-d〉で目を開けたとき、
自分から何かを取りにいこうとせずに、自分自身を観察し続ける。

2 難しければ、さまざまに「対象」を変えてみる

「見ず知らずの人」や「大切な人」を相手にトライしてみる

〈ステップ3-a〉でもご説明したように、はじめのうちはまったく知らない人を相手にしたほうがうまくいく場合が多いです。赤ちゃんや小さな子供たちも、比較的やりやすい相手でしょう。

逆に、とても大切な人、深い愛情や尊敬の念などを感じている人を対象にトライしてみるのもいいでしょう。

自分がやりやすい「人以外の対象」を見つける

人ではなく動物や植物、さまざまな自然などを対象にしてみてもいいでしょう。絵画や彫刻、ぬいぐるみなどでもかまいません。

多くの場合、人に対するよりもリラックスして向き合いやすいはずですし、単なるラビング・プレゼンスの練習というだけでなく、心地よく日々を過ごしていく上でとても役立ちます。

まずは「自分が意識さえすれば、心地よい感じになれるんだ!」という実感をつかんでください。そうなれば、その感覚が、他のさまざまな対象や人に対しても広がっていきます。

3 それでもなお“心地よさ”を感じることが難しいようなら

今一度〈ステップ1〉と〈ステップ2〉に戻ってみる

そもそも「自分の感覚を感じる」こと自体に慣れていない可能性が高いでしょう。「急がば回れ」だと思って、今一度〈ステップ1〉に戻り、自分の中で起きている“心地よさ”に気づき、味わう練習を充分にしてみてください。

また、〈ステップ2〉のマインドフルネスで「自分を観察する」意識の向け方についても、並行しておさらいするのがいいでしょう。

身体のさまざまな感覚を感じる練習から入る

人にもよりますが、この練習から入ると良いです。〈ステップ1〉でご紹介したお風呂での練習方法のほか、ゴハンが美味しいと感じたとき、その嬉しさや幸福感を全身でじっくり確かめたり、果物やお菓子などをゆっくりひと噛みひと噛みしながら、その甘さや食感、香りをていねいに味わっていくのも、いい練習になります。

5章

気づいたら「幸せな自分」になっている、5つのヒント

自分を大切にするクセを養う方法

ヒント 1

「いい体験を味わう」を、毎日の習慣にしよう！

日々のちょっとした“心地よさ”に気づき、味わう

体験したら…
その瞬間

できるだけ
その場で

感じること

日常で味わえる“心地よい”体験の例

- ゴハンやお酒が美味しい
- 家族や友達との交流が楽しかった
- 勉強や仕事が終わった
- 愛するペットとたわむれた
- 好きな音楽を聴いてリラックス
- お風呂でまったりとした時間を過ごした
- スポーツでリフレッシュ
- お布団の中でぬくぬくと眠った

日ごろから「いい体験」を積み重ねていると、それらを思い出すだけでも短時間で心身を満たすことができます。まずは、日常で「ささやかな幸せ」を感じたら、そのときの〝心地よさ〟を味わうよう心がけましょう。

毎日は慌ただしく過ぎていきます。じっくり味わえていないのです。

理想は、体験したその瞬間、できるだけその場で感じることです。自分の中にどのような変化が起きて、どのように満たされているのか、少しでもいいですから目を向けてみてください。

どのような種類の“心地よさ”の感覚かに気づく

胸が暖かくなる

肩の力が抜ける

お腹から力がわく

その場で感じるのが難しければ、後からその体験をマインドフルネスになって思い出し、じっくりと“心地よさ”を味わい直してみてください。湯船につかっているときや、寝支度を終えて布団に入ったときなどが、いいタイミングです。帰りの電車の中などもいいでしょう。

「いい言葉」を貯めておく

体験だけでなく「いい言葉」を貯めておくこともできます。たとえば、私は趣味でバンド活動を長年続けているので、「ライブ」という言葉を聞くと、それだけでウキウキしてきます。好きな食べ物を思い出すのもいいですね。お寿司が好きなら、頭の中で「お寿司」とつぶやくだけで、何だか幸せになるでしょう。

好きな歌手や好きな役者、好きな動物や好きな場所など、どのようなものでも構いません。言葉だけでなく、それを具体的にイメージしてみてもOKです。子どもっぽいようですが、効果てきめんです。

「快日記」に記録する

「その日、どんないい体験があったか？」

「そのときの“心地よさ”は、どのような感覚だったか？」

この2つを思い出して、ノートや手帳に書いていくだけ。「1日1個」と制限する必要はないので、思い付くだけ書き出しましょう。

Point

言葉でなく、「色や絵」で表現するのもオススメです。できれば書く前に、その“心地よさ”の感覚をもう一度味わってみてください。

自分を大切にするクセを養う方法

ヒント 2

「リラックスして、ゆだねる姿勢」を養おう！

心と身体が緊張していると“心地よさ”を感じにくい

日常でリラックスできる場面の例

- お茶を飲んで、一息つく
- お香やアロマを焚く
- 食事をゆっくりと味わう
- お気に入りの音楽やお笑いなどを楽しむ
- 気の置けない仲間と話す
- ゆっくり読書をしたり、映画などを観る

私たちは日々の生活において、ことあるごとにガマンしたり、頑張ったり、「自分にムリをしている状態」が多く、心身を活発にする「交感神経」が優位になっています。

心も身体も張りつめていては、今まで見過ごしていた〝心地よさ〟を感じ取ることも難しくなります。

リラックスして自分のあるがままの感覚を感じとるには、心身の緊張を解きほぐして、「副交感神経」を優位にしておく必要があります。

「身体ほぐし」を楽しむ

先に身体からリラックスさせることで、心をリラックスさせるアプローチもあります。

腹式呼吸をしてみたり

マッサージやヨガなどに行ってみたり

散歩など軽い運動をしたり

森林浴などで自然に触れてみたり

ゆっくりお風呂に入ったり

だんだんと身体の感じや感情など、さまざまな感覚が戻ってくるでしょう。
そして、よりしっかりと“心地よさ”を味わえるようになっていきます。

「ゆだねて待つ姿勢」を取る

何でも頑張ってなんとかしようとするのではなく、自然に起きてくることに「ゆだねて待つ姿勢」を取るのも大事です。
リラックスして緩んでいると、普段は押し込められていた創造性も活発に働きやすくなります。また、肩の力を抜き、ゆだねて待つ姿勢は、より大きな意味では、「自分自身を信頼する」感覚にもつながっていきます。

Point

- 自分をリラックスさせるための時間をとる
- “心地よさ”を、気の済むまでじっくりと味わう。

この2つの体験が、互いにいい方向に働き合うと、
あなたはさらに満たされていくことでしょう。

自分を大切にするクセを養う方法

ヒント 3

もっと「自分の身体」を意識しよう！

マインドフルネスで身体の状態を確かめてあげる

いつのまにか身体にムリをさせている

ストレス過剰な現代社会では、誰しもが仕事や役割に追われています。頭で考える場面が多い反面、「自分の身体」はないがしろにしがちです。身体への愛情が不足していると、身体の感覚もマヒしていきます。身体が悲鳴をあげても、一向に気づきません。

“心地よさ”と相性がいいのは、頭よりも身体

頭は「良い or 悪い」「正しい or 間違い」の理屈で判断しがちです。一方、身体は「快 or 不快」の感覚を基準に動いています。身体と仲良くなれば、“心地よさ” とも親しくなっていきます。

身体の状態をマインドフルネスで気づく

- どこか緊張したり、固くなったりしている場所はあるでしょうか？
- 重たい感じがする所はないですか？
- 逆に、緩んでいたり、軽やかに感じる場所はありますか？
- 冷えた感じのところや、暖かい感じがする場所はないでしょうか？
- 理由は分からないけれど、なんだか気になる場所はあるでしょうか？

身体の状態を順番にチェックしていく方法

頭のてっぺんから足の先まで、全身の部位を順番に感じてみて、状態を確かめていくこともできます。次のような順番で意識を向けてみてください（逆順でも構いません）。

1. 頭
↓
2. 顔（額、目、耳、鼻、頬、口、顎《あご》など）
↓
3. 首
↓
4. 腕（肩～上腕～肘《ひじ》～前腕～手首～手の平と甲～指先）
↓
5. 胴（胸、腹、背中、腰など）
↓
6. 脚（腿《もも》～膝～下腿《かたい》～足首～足裏と甲～足先）

日常で身体を感じてみる

湯船の中や布団の中だとリラックスしていますし、全身に意識を向けやすいでしょう。電車での移動中など、日常の「空き時間」に、身体を感じてみることもできます。時には積極的に、身体と仲良くする時間を取ってあげてください。

Point

自分が気づいたことを書きとめる「身体感覚についての日記」を付けてみることともオススメです。

自分を大切にするクセを養う方法

ヒント4

もっと「自分の感情」を受け止めてあげよう！

身体の状態と同じくらい「感情」や「気持ち」の状態に気づくことも大切

感情は抑えつけず、そのまま感じる

「感情や気持ち」も、日々の生活では「思考」に抑えつけられがちで、意外と自分では気づきません。思考によって邪魔されなければ、感情は一時的に高ぶることはあっても、やがて風のようにどこかに流れて行ってしまいます。ですから、感情は変に抑えつけるより、できれば感じたままに、その場で自分の外に出してあげたほうがいいのです。

どんな感情も安全な形で外に出すよう心がける

気づいた感情は、できれば自分の外に出させてあげましょう。喜びなどの「プラス感情」はいいけれど、怒りなどの「マイナス感情」は出してはいけない、ということではありません。その場ですぐには難しくても、「ひとりになってからの時間」に、「ひとりになれる場所」で、自分にとって安全な形を工夫しながらやってみます。

Point

怒り、悲しみ、イライラ、不安、恐れなど…どれだけひどい言葉であっても飲み込まず、自分が感じているままに、思う存分に声を出すなりして、本音を吐き出してみましょう。

マインドフルネスで「観察する自分」を意識しておく

感情を外に出すときには、自分のさまざまな感情の動きに気づいている「観察する自分」も、心のどこかに意識しておいてください（マインドフルネス）。そうすれば、もし激しい感情がわきあがってきたとしても、その感情に飲み込まれたままになることもないはずです。

感情のエネルギーを解放する

手足を大きくばたつかせるなど、身体を一緒に動かしてあげるのもいいでしょう。それは、感情のエネルギーを「意識的に自分の外に解放している」のであって、ただ感情に巻き込まれて、「やみくもに人にぶつける」のとはまったく違う行為です。

感情を口にする習慣付け

自分の中の感情に気づいたら、口にする習慣を付けるといいでしょう。たとえば、満員の通勤電車を降りたら「キツかった～！」と口にしたり、ブルブルと身体を震わせたり。たったこれだけでも、出社後の仕事の効率が変わるはずです。小声で、または心の中で、「今、悲しいんだな」とか「今、腹が立ってるんだな」などとつぶやくだけでもOK。

Point

自分の感情ともっともっと仲良くなってください。仲良くなればなるほど、自分の感情に気づきやすくなり、その感情を手放す余地もできてきて、徐々に「動じない心」へと近づいていけます。

自分を大切にするクセを養う方法

ヒント 5

決してムリはせず、「したいとき」だけやってみよう！

義務感や責任感で頑張っていると実践しづらい

義務化しないこと

日常的に“心地よさ”を味わうことは、「幸せな自分」に変わるためにとても重要です。だからといって、「毎日、必ず一度は“心地よさ”を味わわねば！」「心を満たすことをスケジュールに組み込むぞ！」など、義務化しないでください。交感神経優位でリラックスできなくなり、かえって逆効果です。

気分が乗らなければ…

「いい体験」なんて全く思い出せないし、“心地よさ”も感じられないという日や、そもそもマインドフルネスで「じっくり自分と向き合うこと」さえ、ままならない日も出てくると思います。

こうしたとき、自分を責めることはありません。時間の余裕がないときや、時間はあっても気分が乗らないときなどは、やらなくてもＯＫです。

Point

ムリに頑張ろうとせずに、ちょっと勇気を持って、まずは「できない自分やダメな自分」を認めてあげてください。「弱い自分」だってあなた自身ですし、また常に弱いままなわけではありません。

時には「立ち止まること」も必要

人は常に変化しているのですから、そのうち前に進んで行こうとする力や気持ちが自分の中でよみがえってきます。自分にムチ打って常に必死に進み続けようとするより、いったん立ち止まって、力を蓄え直してからまた進むようにしてみましょう。

自分のペースで長く続ける

「そんなふうに自分を甘やかしちゃって大丈夫なのか?」「そんなことをしてたら、いつまで経っても変わらない…」などと思われるでしょうか?現状を早くなんとかしたくなる気持ちもよく分かります。でも、張り切って努力して、思ったようにうまくいかず、結局「私にはできないや…」と諦めてしまうよりは、少しずつでいいから自分のペースで長く続けていくことが、「幸せな自分」への近道なのです。

自分を大切にするクセを養う方法

マインドフルで“心地よい”毎日が、自分と世界を変えていく

継続は力！

日々、少しずつでもラビング・プレゼンスを実践してみましょう。そして、これら「5つのヒント」も参考にしつつ、日々くり返し実践してみてください。そうすれば、もっと自分と仲良くし、自分自身を大切に扱いながら生きる感覚が徐々に養われていきます。まさに「継続は力なり」です！

「脳と心のクセ」も変わる

実際に“心地よさ”を感じ、味わった分だけ、脳と心のクセも変化していきます。放っておいたら「敵ばかりだ」と見なしがちだった外の世界が、「味方だってたくさんいる」と感じられる感覚も育っていくでしょう。

「究極のエンパワメント」

そのように、脳や心が変わっていくなら、あなたの気分はとても楽になるはずです。外からの害を警戒しているだけでなく、**「自分がそう意識さえすれば、いつだって何か心地よい感じを楽しむことができるんだ！」**という実感。それが、自分自身を信頼し、また外の世界も信頼できるという感覚にもつながっていきます。

自分自身も

外の世界も

信頼できる！

自分の“心地よさ”から豊かな人間関係が始まる

自分が味わった“心地よさ”の感覚は、相手へと循環していき、そこに豊かな係わりや関係が生まれることにもつながっていきます。**自分も相手も同時に尊重しながら生きていける。**そんな道も存在するのだと示すことこそ、この本の最大のメッセージです。

人間にとっての「本質的な願い」が満たされるチャンス

- さまざまな喜びや安心感、達成感などを感じつつ、元気にイキイキと暮らしていきたい、という願い。
- できれば周りにいる人たちと、お互いに、与え与えられながら、深く「分かりあいたい」、という願い。

人生の転換はあなた次第

こうした人生の転換が起こるかどうかは、あなた自身が、自分へのマインドフルネスでの気づきと“心地よさ”を大切にする生き方への転換を決心するかどうかにかかっています。

そして、毎日の習慣を少しずつ変えながら、粘り強く実践していくかどうか次第です。

あなたも、そうした新しい生き方への第一歩を踏み出してみませんか？

著者紹介

高野雅司

1962年生まれ。一橋大学卒。心理学博士（Ph.D.）。コンサルティング会社勤務を経て、30歳で渡米。「カリフォルニア統合学研究所」の東洋西洋心理学部にて博士号を取得。また、ハコミセラピーの公式トレーニングを修了し、心理臨床の経験も深めた後に帰国。「日本ハコミ・エデュケーション・ネットワーク」代表として、ハコミセラピーの紹介と普及に携わる。また、各種の企業、教育機関、社会福祉団体などでコミュニケーション全般に関する教育研修活動なども行う。2011年、新たに「日本ラビングプレゼンス協会」を設立。画期的かつ普遍的なコミュニケーション・スキルとしてラビング・プレゼンスの普及をライフワークのひとつとし、ワークショップなどを通じて広く伝えていくべく意欲を燃やしている。

日本ハコミ・エデュケーション・ネットワーク http://hakomi-jhen.com/
日本ラビングプレゼンス協会 http://loving-presence.net/

カバー・本文イラストレーション　池田奏衣（Ciel Arbre）
本文デザイン&DTP　岡崎理恵
編集協力　糸井浩・大久保寛子

図解《ずかい》
「人《ひと》づきあいが面倒《めんどう》！」なときのマインドフルネス

2018年2月5日　第1刷

著者　高《たか》野《の》雅《まさ》司《じ》
発行者　小澤源太郎

責任編集　株式会社 プライム涌光
電話　編集部　03(3203)2850

発行所　株式会社 青春出版社
東京都新宿区若松町12番1号〒162-0056
振替番号　00190-7-98602
電話　営業部　03(3207)1916

印刷　大日本印刷　　製本　フォーネット社

万一、落丁、乱丁がありました節は、お取りかえします。

ISBN978-4-413-11249-9 C0011